BEI GRIN MACHT SICH IHR WISSEN BEZAHLT

- Wir veröffentlichen Ihre Hausarbeit, Bachelor- und Masterarbeit

- Ihr eigenes eBook und Buch - weltweit in allen wichtigen Shops

- Verdienen Sie an jedem Verkauf

Jetzt bei www.GRIN.com hochladen und kostenlos publizieren

Matthias Warkus

Verkehr in den USA

GRIN Verlag

Bibliografische Information der Deutschen Nationalbibliothek:

Die Deutsche Bibliothek verzeichnet diese Publikation in der Deutschen National-
bibliografie; detaillierte bibliografische Daten sind im Internet über http://dnb.d-
nb.de/ abrufbar.

Impressum:

Copyright © 2004 GRIN Verlag GmbH
Druck und Bindung: Books on Demand GmbH, Norderstedt Germany
ISBN: 978-3-640-11165-7

Dieses Buch bei GRIN:

http://www.grin.com/de/e-book/33739/verkehr-in-den-usa

GRIN - Your knowledge has value

Der GRIN Verlag publiziert seit 1998 wissenschaftliche Arbeiten von Studenten, Hochschullehrern und anderen Akademikern als eBook und gedrucktes Buch. Die Verlagswebsite www.grin.com ist die ideale Plattform zur Veröffentlichung von Hausarbeiten, Abschlussarbeiten, wissenschaftlichen Aufsätzen, Dissertationen und Fachbüchern.

Besuchen Sie uns im Internet:

http://www.grin.com/

http://www.facebook.com/grincom

http://www.twitter.com/grin_com

Philipps-Universität Marburg, FB 03 (Institut für Soziologie); WS 2003/2004
PS: Innenansichten der USA (Oliver Demny)

Verkehr in den USA
Ausarbeitung des Referates

Matthias Warkus (3. FS)

12. August 2004

Inhaltsverzeichnis

1. Vorbemerkung

Diese Arbeit ist die Verschriftlichung eines Teils eines ursprünglich als Gruppenarbeit geplanten Referats zum Thema »Verkehr und Umweltbewusstsein in den USA«. Da meine Mitreferentin kurzfristig absagte, fehlt der Teil zum Umweltbewusstsein. Ich bitte dies zu entschuldigen.

Nach einer kurzen Einführung in die geografischen Grundlagen der US-Verkehrssituation werden die Verkehrsträger in der Reihenfolge ihrer epochalen Dominanz besprochen. Dabei habe ich versucht, ihre Geschichte, ihre ökonomische

1

Bedeutung und die sozialen Folgen, die sich aus der Verkehrsstruktur und ihren verschiedenen tiefgreifenden Wandeln ergeben haben, anzureißen.

Wo nicht anders angegeben, sind statistische Daten zu den USA den Veröffentlichungen des USCB und des DoT entnommen und beziehen sich auf das Basisjahr 2000. Statistische Daten zu Deutschland stammen, wo nicht anders angegeben, vom Statistischen Bundesamt.

Da das Marburger Universitätsbibliothekssystem zu den Themen Verkehr und Verkehrssoziologie äußerst schlecht bestückt ist, habe ich fast ausschließlich mit Quellen aus dem Internet gearbeitet.

2. Geografische Gegebenheiten

Das US-Kernland (»lower forty-eight«) hat kontinentale Ausmaße. In Ost-West-Richtung trennen Los Angeles (CA) ca. 4500 Straßenkilometer von New York (NY); in ungefährer Nord-Süd-Richtung sind es gut 2000 Straßen-km von Green Bay (WI) nach Houston (TX).

Mit 31 Einwohnern/km^2 (2002; Dtl.: 231 Ew./km^2, d. h. mehr als das Siebenfache)[1] ist das Land verhältnismäßig dünn besiedelt. Es gibt, vereinfacht gesprochen, zwei Verdichtungszonen; eine davon erstreckt sich von den Großen Seen entlang der Ostküste in die östlichen Südstaaten, die andere ballt sich an der Westküste.

Diese Bizephalie, die unzerschnittene Form des Landes und die gewaltigen Landmassen nördlich und südlich seiner Grenzen bedingen, dass Verkehr in den USA in erster Linie Landverkehr sein muss; dies steht im Gegensatz beispielsweise zum Verkehr in West- und Mitteleuropa, wo es vergleichsweise nirgendwo weit zum Meer ist und demnach Seefracht eine erhebliche Rolle spielt.

3. Vorgestern: Schiff und Wagen

1730 wurde mit dem Durchstich einer Windung des Mohawk River (NY) das erste nennenswerte öffentliche Verkehrsbauwerk im damaligen britischen Nordamerika geschaffen.[2] Ein ganzes Jahrhundert lang sind Pferdewagen und Boot als Hauptverkehrsmittel unangefochten, bis um 1830 die ersten Eisenbahnen den Betrieb aufnehmen.[3]

---

[1] Vgl. STATISTISCHES BUNDESAMT DEUTSCHLAND, Auslandsverzeichnis. ⟨URL: http://www.destatis.de/cgi-bin/ausland_suche.pl⟩ – Zugriff am 2004-05-09.

[2] Vgl. KEESLER, M. PAUL, New York's First Canal. ⟨URL: http://www.paulkeeslerbooks.com/FirstCanal.html⟩ – Zugriff am 2004-05-09.

[3] Vgl. hierfür und für alle weiteren Daten zur US-Eisenbahngeschichte HOUK, RANDY, Railroad Timeline History. ⟨URL: http://www.sdrm.org/history/timeline/⟩ – Zugriff am

Die große Aufgabe des US-Binnenverkehrs, die leistungsfähige transkontinentale Verbindung, bleibt weiterhin ungelöst. Als zum Beispiel der Goldrausch um 1848 Wellen von Siedlern zur Westküste lockt, nimmt ein großer Teil von ihnen den ungeheuer langen und beschwerlichen Seeweg um Kap Hoorn, da er immer noch als einfacher gilt als die Durchquerung des nordamerikanischen Kontinents zu Lande.

3.1. Binnen- und Küstenschifffahrt heute

Der Marktanteil der Schifffahrt am Binnengüterverkehr ist heute mit 16% ziemlich niedrig geworden. Auf den knapp 42 000 km an Binnenwasserwegen werden ca. 622 Mrd. Tonnenkilometer pro Jahr geleistet. Das Haupttransportvolumen machen *die* beiden nordamerikanischen Massengüter, nämlich Kohle (10% des Verbrauchs) und Getreide (60% der Exportmenge) aus.[4] Kanäle und Schleusen sind durch ihr Alter meist stark investitionsbedürftig.

Die Küstenschifffahrt ist dadurch gehemmt, dass die beiden Küsten der USA auf dem Seeweg weit voneinander entfernt sind. Der sogenannte Intercoastal-Verkehr, keine eigentliche Küsten-, sondern Seeschifffahrt zwischen Ost- und Westküste durch den Panamakanal, hat deshalb besonders große Bedeutung.

Die reguläre Küstenschifffahrt hat ebenfalls ihren Schwerpunkt im Ost-West-Küstenverkehr; sie führt vor allem durch den Gulf Intracoastal Waterway, eine fast 2 100 km lange Wasserstraße, die Brownsville (TX) mit Caraballe (FL) verbindet. Sein Durchstich und jener des Panamakanals 1915 markieren die letzten großen Veränderungen im Wasserwegenetz in den und um die USA.

4. Gestern: Das Land der Eisenbahnen

Mit dem Lückenschluss der ersten transkontinentalen Eisenbahnlinie 1869 ist das Problem der Landverbindung der beiden Küsten gelöst und die Eisenbahn scheinbar endgültig als dominantes Verkehrsmittel in den USA etabliert.

4.1. Entwicklung der Netze

Die USA waren das größte 'Eisenbahnland' der Welt. Seine maximale Ausdehnung erreichte das Schienennetz um 1917 mit über 370 000 Streckenkilometern. Heute sind davon knapp 230 000 km verblieben.

2004-05-09.
[4]Vgl. THE AMERICAN WATERWAY OPERATORS, Facts About the American Tugboat, Towboat and Barge Industry. ⟨URL: http://www.americanwaterways.com/aboutawo.pdf⟩ – Zugriff am 2004-05-24.

	Fläche in 1000 km^2	Bev. in Mio.	Netz-km	Netz-km/ 1000 km^2	Netz-km/ Mio. Ew.
Dt. Reich 1915	538	65,0	62 400	116,0	960
DB Netz AG 2004	357	82,5	35 800	100,3	434
USA 1917	9 373	103,3	373 100	39,8	3 612
USA 2002	9 373	281,4	228 500	24,4	812

Tabelle 1: Eisenbahnnetze der USA und Deutschlands gestern und heute

Wie aus Tabelle 1 ersichtlich[5], sinkt die Dichte des Eisenbahnnetzes in Deutschland (hier stellvertretend für Mitteleuropa) zwischen 1915 und 2004 flächenmäßig um 14%. In den USA betrug dieser Niedergang dagegen 39%, also fast das Dreifache. Die Netzdichte pro Einwohner sinkt in den USA sogar um 78& (Dtl.: 55%). Dieser krasse Niedergang hat Gründe, und auch die vergleichsweise noch stärkere Abkopplung des Schienennetzes von der Bevölkerungsentwicklung lässt sich erklären.

Das 20. Jahrhundert wird in den USA dominiert vom Strukturwandel weg vom Schienenverkehr – auf allen Ebenen: Im Nahverkehr verschwinden riesige Straßenbahnsysteme innerhalb weniger Jahre; im Personenfernverkehr übernimmt das Flugzeug, beschleunigt gegen Ende mit der Deregulierung der zivilen Luftfahrt; im Güterverkehr können die Eisenbahnen nur durch massive Einsparmaßnahmen einen bedeutenden Marktanteil halten.

Seit dem Deregulierungs- und Konsolidierungsprozess, der in den 1960er Jahren in der Bahnindustrie eingesetzt hat, gibt es nur noch wenige große Eisenbahnkonzerne. Der Wettbewerb unter ihnen hat die Spar- und Rationalisierungsmaßnahmen noch beschleunigt. Strecken wurden flächendeckend stillgelegt, von Zwei- auf Eingleisigkeit reduziert, Fahrleitungen wurden abgebaut. Mit dem Verfall der Eisenbahn verfallen auch ganze Städte und Regionen; stellvertretend sei hier das Schicksal der Eisenbahnstadt Altoona (PA) erwähnt.

Trotzdem hat die Bahn in Amerika mit einem Transportvolumen von (2001) ca. 2,28 Bio. Tonnenkilometern/Jahr einen Anteil von 41,7% der im Güterverkehr erbrachten Leistung halten können (Dtl. 2001: 74,3 Mrd. tkm/a = 16,7%). Dem steht allerdings ein Umsatzanteil von nur 6,3% gegenüber; es werden also

---

[5]Quellen zu den genannten Streckenlängen: Dt. Reich 1915 vgl. THE WIKIPEDIA COMMUNITY, Geschichte der Eisenbahn. ⟨URL: http://de.wikipedia.org/wiki/Geschichte_der_Eisenbahn⟩ – Zugriff am 2004-05-30; DB Netz AG 2004 vgl. POLATSCHEK, KLEMENS, Es fährt ein Zug nach Irgendwo. Frankfurter Allgemeine Sonntagszeitung 2004, Nr. 13, S. 70–71 (schließt NE-Bahnen nicht ein); USA 1917 vgl. LOREE, LEONOR FRESNEL, Railroad Freight Transportation. New York: Appleton, 1922, S. 274f; USA 2002 vgl. ASSOCIATION OF AMERICAN RAILROADS, U.S. Freight Railroad Statistics. ⟨URL: www.aar.org/PubCommon/Documents/AboutTheIndustry/Statistics.pdf⟩ – Zugriff am 2004-05-30.

hauptsächlich niederwertige Massengüter transportiert.[6]

4.1.1. Priorität des Güterverkehr

Der Grund hierfür ist in der unterschiedlichen Rolle der Bahn in den USA und in Europa zu suchen. Wie bei den geografischen Gegebenheiten schon erwähnt, ist Europa durch die Seeschifffahrt gut erschlossen. Wenig zeitkritische Fracht wird daher innereuropäisch meist auf dem Seeweg transportiert. Dieser Anteil am gesamten Güteraufkommen ist in den USA per Eisenbahn unterwegs.

Bis auf kurze Zeit im Ersten Weltkrieg war das amerikanische Eisenbahnnetz nie in staatlicher Hand. Die Betreibergesellschaften haben darum die Strecken auf ihre Bedürfnisse zuschneiden können; volkswirtschaftliche Rahmenplanung oder militärische Überlegungen spielten kaum eine Rolle.

Das gesamte Netz ist daher auf den nicht unbedingt schnellen, aber billigen Transport großer Frachtmengen ausgelegt: Güterzüge haben keine Fahrpläne; die Strecken sind für niedrige Geschwindigkeiten (30-80 km/h) und hohe Achslasten trassiert; die Bahnhöfe sind für Zuglängen im Kilometerbereich ausgelegt; eine ab 1868 eingeführte automatische Kupplung spart Rangierkosten; um auf Hauptstrecken mehr Container auf einen Zug zu bekommen, werden Züge mittlerweile sogar doppelstöckig beladen, wenn Tunnelprofile und Brückenhöhen es zulassen.

Wie bei der Binnenschifffahrt gilt auch hier, dass Kohle (v. a. Steinkohle) zu den wichtigsten Transportgütern gehört. Dies hat mit dem Primat der Steinkohle in der US-Energieerzeugung zu tun; die USA decken ihren Energiebedarf zu 50% aus Kohle (Gesamtanteil fossiler Energieträger: über 70%)[7].

4.1.2. Personenverkehr

Schienengebundener Personenverkehr, wie wir ihn in Europa gewöhnt sind, spielt sich fast nur im Nahverkehr ab. Selbst dort ist der Ausbauzustand extrem unterschiedlich. Europäisches Niveau erreicht er nur im Ballungsraum New York / New Jersey (siehe auch Abschnitt 4.2). Für die sechs größten Ballungsräume sind die Pendelzeiten im ÖPNV ausnahmslos höher als die Pendelzeiten im MIV.

Personenfernverkehr wird praktisch nur von der unterfinanzierten Staatsfirma National Passenger Railways unter dem Markennamen Amtrak erbracht. Amtrak wurde 1971 geschaffen, um den privaten Güterbahnen die Rechtsverpflichtung abzunehmen, Fahrgäste zu befördern. Da die Amtrak-Fernzüge auf

---

[6]Vgl. ASSOCIATION OF AMERICAN RAILROADS.
[7]Vgl. ENERGY INFORMATION AUTHORITY, Electricity Quick Stats. ⟨URL: http://www.eia.doe.gov/neic/quickfacts/quickelectric.htm⟩ – Zugriff am 2004-05-30.

den Gleisen dieser Privatbahnen verkehren, deren Kerngeschäft der fahrplanlose Güterverkehr ist, sind Verspätungen zwischen 10 und 30 Stunden keine Seltenheit. Die Geschwindigkeit der Fernzüge liegt meist um 100-120 km/h (Europa: 160-200 km/h, auf Schnellfahrstrecken 250-300 km/h[8]). Auf dem ca. 35 400 km langen Netz werden Bahnhöfe (außer den wichtigsten Knoten) meist nur mit einigen Fahrtenpaaren am Tag bedient; Taktfernverkehr ist fast unbekannt. Der Eisenbahnfernverkehr hat einen fast verschwindend geringen Marktanteil von ca. 0,6%, nur etwa halb soviel wie Fernbusse (1,1%).

Die Erkenntnis, dass Hochgeschwindigkeitsverkehr in Metropolenkorridoren konkurrenzfähig und sinnvoll wäre, um die Straßen und vor allem die Flughäfen zu entlasten, ist relativ jung. Erst seit den 1990er Jahren haben entsprechende Planungen begonnen, also mit rund 30 Jahren Verspätung gegenüber Japan und Europa. Das DoT hat einen das ganze Land umfassende Gesamtplan für solche HGV-Korridore veröffentlicht.

Die (Wieder-)Einrichtung von Personenverkehr auf kurzen und mittleren Strecken wird nicht nur durch die genannte Situation im Güterverkehr, sondern auch durch die Gesetzgebung stark erschwert. Diese macht z. B. die Trassierung von Strecken für hohe Geschwindigkeiten fast unmöglich und verlangt, dass Eisenbahnfahrzeuge extrem schwer und steif gebaut werden müssen. Wo neue Bahnverbindungen entstehen, sind daher fast immer Sondergenehmigungen notwendig.

4.2. Ein einmaliger Sonderfall: New York

New York ist die einzige Stadt der USA, in der das Verkehrsverhalten der Bevölkerung nennenswert von der sonstigen Dominanz des Pkw abweicht. Fast 25% aller Fahrten im US-ÖPNV geschehen in dieser einen Stadt.

Gründe sind wohl neben dem relativen Alter der Stadt und ihrer schieren Bevölkerungsdichte das durch Hudson und East River zerschnittenen Stadtgebiet. Schon 1866 wurde mit dem U-Bahn-Bau begonnen (zunächst Viaduktstrecken, ab 1904 Tunnelstrecken). Neben einem weltweit einmalig dichten U-Bahn-Netz existiert in New York eines der größten städtischen Bussysteme überhaupt (ca. 200 Linien).

Zwar sind mittlerweile auch Straßentunnel und -brücken über die Flüsse entstanden, für die jedoch Mauten erhoben werden. Diese, die Fährgebühren und die strikte Parkraumbewirtschaftung im Stadtkern haben einen regulativen Effekt auf den MIV ausüben können.

---

[8]Der Regelbetrieb von Zügen mit 350 km/h Spitzengeschwindigkeit wird in Spanien bald beginnen. Frankreich plant einzelne Ausbauten auf 360 km/h.

5. Heute: Auto und Flugzeug

Um 1914 nimmt in Florida die kommerzielle Passagierluftfahrt ihren Anfang. Zeitgleich beginnt die einsetzende Massenmotorisierung, ein verbessertes Straßennetz einzufordern.

5.1. Luftfahrt

Große, vollständig über Land zurücklegbare Entfernungen boten in den USA ideale Bedingungen für die Pioniere der zivilen Luftfahrt. Die Technik erlaubte noch lange keine regulären Ozeanüberquerungen, als 1924 die erste »Coast-to-Coast«-Luftpostlinie in Betrieb ging. Der Passagierdienst von Küste zu Küste wurde 1930 aufgenommen.[9]

Mit der Einführung seriengefertigter, zuverlässiger Passagierflugzeuge wie der Ford Trimotor (1926) und der Douglas DC-3 (1935) endete die Pionierzeit so schnell, wie sie begonnen hatte, und bereits in den 1930er Jahren verdrängte der Passagiertransport den staatsfinanzierten Postdienst als Hauptstandbein der Fluggesellschaften.

Es gibt kein Land, in dem so viel inlands geflogen wird wie in den USA. Auf den großen Entfernungen ist das Flugzeug gegenüber den Landverkehrsmitteln konkurrenzlos, da es seinen Geschwindigkeitsvorteil voll ausspielen kann: Kein anderes Verkehrsmittel kann jede Strecke im Binnenland der USA in weniger als einem Tag zurücklegen. Auch Mittelstrecken werden oft lieber geflogen als mit dem Pkw (bzw. Linienbus) zurückgelegt; nach unten begrenzt werden die Flugstrecken erst durch den Punkt, an dem der Transfer zum und vom Flughafen durch das Verkehrschaos der Städte länger dauern würde als die Reise über Land.

In Folge dessen gibt es in den USA mittlerweile 5 294 öffentliche Flughäfen; ca. 489 Mrd. Passagierkilometer jährlich ergeben einen Anteil von über 10% am gesamten Personenverkehr (4967 Mrd. Pkm/a; alle Zahlen für 2001). Da hier auch der Nahverkehr eingerechnet ist, liegt der wahre Anteil am Fernverkehr erheblich höher.

Die Deregulierung der zivilen Luftfahrt wurde 1978 eingeleitet. Nach längeren heftigen Marktumwälzungen mit dem Untergang von Traditionsunternehmen wie Pan Am hat sich der Markt mittlerweile stabilisiert. Der Preiswettbewerb der Fluglinien wird in einer Härte geführt, die in Europa bis vor Kurzem unbekannt war. So ist ein Flug von Küste zu Küste (New York - Los Angeles) schon

---

[9]Vgl. AIRPORTS COUNCIL INTERNATIONAL - NORTH AMERICA, 1903 - 2003 Centennial of Flight Airport Member Tool Kit. ⟨URL: http://www.aci-na.org/docs/timeline.pdf⟩ – Zugriff am 2004-05-09.

für 204 $ zu haben[10].

Die mehr oder minder einzigartige Rolle des Flugzeugs in den USA als verbreitetes und unentbehrliches Massenverkehrsmittel innerhalb eines Flächenstaates
führt zu einem besonderen gesellschaftlichen Bewusstsein für das Fliegen überhaupt. Das Problem der Flugsicherheit, z. B. bezüglich der Überlastung von
Fluglotsen, war bereits vor dem 11. 9. 2001 immer wieder ein großes Thema in
den Medien. Die besagten Anschläge haben vielleicht auch deswegen einen besonders traumatischen Eindruck in der US-Bevölkerung hinterlassen, da sie mit
Hilfe des wichtigsten Fernverkehrssystem des Landes begangen wurden, und
dieses System (durch das folgende Flugverbot) für mehrere Tage völlig lahm
legten.

5.2. Motorisierter Straßenverkehr

Die USA sind das Mutterland der Massenmotorisierung; sie ereignet sich hier
rund 30 Jahre früher als in Europa. Schon 1920 sind Millionen von Pkw zugelas-
sen, und der Bau von eigenen Kraftfahrstraßen, später dann auch Autobahnen,
nimmt seinen Lauf. Bereits vor 1940 entstehen (auch für heutige Maßstäbe noch)
großzügige Autobahnen mit riesigen Knotenbauwerken, die zum Vorbild für den
Fernstraßenbau in der ganzen Welt (nicht zuletzt auch im nationalsozialistischen
Deutschland) werden.

Die Interessen der Automobilindustrien machen sich früh bemerkbar, vor allem in der berüchtigten »Straßenbahnverschwörung«. Es gibt in den 1920er-
1930er Jahren in den meisten größeren US-Städten Straßenbahnen, und vor
allem im Mittelwesten haben diese sich durch Überlandstrecken zu einem leis-
tungsfähigen Verkehrssystem vernetzt. Um die Wettbewerbsposition des Kfz-
Verkehrs zu verbessern, kauft allein ein Firmenkonsortium aus General Motors,
Standard Oil, Firestone Tire u. a. zwischen 1936 und 1950 mehr als hundert
Straßenbahn- und Trolleybusnetze auf, nur um sie stillzulegen und durch GM-
Busse zu ersetzen.[11]

Ab 1956 entsteht das Interstate Highway System; wie der Panamakanal wird
auch es aus strategischen Gründen eingerichtet (im ersten Fall, um die Überfüh-
rung von Flotten-, im zweiten Fall jene von Heeresverbänden von Küste zu Küste
zu beschleunigen), gewinnt aber immense Bedeutung für den zivilen Verkehr.
Die drastischen Folgen, die Verkehrsstrukturwandel in einem dünn besiedelten
Land haben kann, zeigen sich hier ebenso wie im Niedergang der Eisenbahn:

---

[10]Preisauskunft von http://www.priceline.com am 9. 5. 2004

[11]Vgl. THE WIKIPEDIA COMMUNITY, General Motors Streetcar Conspiracy. ⟨URL: http:
//en.wikipedia.org/wiki/General_Motors_Streetcar_Conspiracy⟩ – Zugriff am 2004-
05-09.

Die Verlagerung des Verkehrs vom alten Netz der US Routes auf die neuen Autobahnen führt zum Aussterben ganzer Ketten von Ortschaften; berühmtestes, beinahe Popkultur gewordenes Beispiel sind wohl die Geisterorte entlang der alten US Route 66.

Der Betrieb eines Pkw ist in den USA relativ günstig. Umgerechnet ist er mit minimal ca. 0,20 €/km um etwa ein Drittel billiger als in Deutschland (ab ca. 0,30 €/km für Kleinstwagen). Die Kraftstoffpreise sind im Mai 2004 zum ersten Mal flächendeckend über zwei Dollar pro Gallone gestiegen, was allerdings einem immer noch für europäische Verhältnisse extrem niedrigen Literpreis von unter 0,50 € entspricht.

Diesen Rahmenbedingungen entspricht eine erdrückende Dominanz des Pkw-Verkehrs; ein Leben ohne Auto ist in den USA nur in kleinen Teilgebieten (wiederum die Ausnahme New York) praktikabel. Dies schlägt sich darin nieder, dass 87,9% aller US-Berufstätigen mit dem Pkw zur Arbeit fahren; 76% tun dies allein.[12] (4,7% nutzen den ÖPNV; 65% der gesamten ÖPNV-Fahrten sind nicht berufsbezogen.) Dementsprechend gibt es in den USA mehr Pkw als in jedem anderem Land, nämlich etwa 6 Pkw pro 10 Einwohner (1960: 1).

Fast jeder fünfte Haushalt[13] (17,1%) besitzt drei Pkw oder mehr, nur 10,3% besitzen keinen. Ein Fünftel dieser 'autofreien' Haushalte ist im Großraum New York (NY) ansässig und fällt aus oben erwähnten Gründen eigentlich aus der Statistik.

Die immense Pkw-Dichte hat zwar gigantische Ausbauten des Straßennetzes vor allem in den Hauptverkehrsachsen der Großstädte mit sich gebracht (vielspurige Kraftfahrstraßen, teilweise aufgeständert und auf mehreren Ebenen angelegt; raumgreifende Knotenbauwerke), doch das Problem der Verstopfung der Verkehrswege v. a. durch den Berufsverkehr hat sich dadurch höchstens eindämmen, nicht lösen lassen. 40% der Ballungsraumbewohner verbringen mindestens einmal am Tag mindestens 30 Minuten im Berufsverkehr.

Mittlerweile hat dieser Mangel der Infrastruktur selbst neue Infrastrukturen hervorgebracht; die Lage von z. B. Einkaufsgelegenheiten richtet sich mittlerweile auch an den Pendelwegen aus. Mir ist aus Seattle berichtet worden, dass dort mittlerweile Einkaufszentren entlang der (bis zu zehnspurigen) Achsen bestehen, über die die allmorgendlichen und -nachmittäglichen Pendlerströme verlaufen, damit es überhaupt noch in einer verträglichen Zeit möglich ist, nach der Arbeit Einkäufe zu erledigen. (Bei diesen Achsen handelte es sich früher um Landstraßen, die die Großstadt mit Vororten verbanden. Heute hat der »urban sprawl«

---

[12]Vgl. RESCHOVSKY, CLARA, Journey to Work: 2000. United States Census Bureau, 2004, Census 2000 Brief, S. 1.
[13]Die durchschnittliche Haushaltsgröße beträgt 2,6 Personen (1960: 3,2).

diese Vororte in das ununterbrochene Siedlungsgebiet eingeschmolzen.)

5.2.1. Gesellschaftliche Auswirkungen

Laut Census tendieren manche 'Rassen' stärker als andere dazu, den ÖPNV zu frequentieren. Dies kann teilweise auf die statistische Verzerrung zurückgeführt werden, die daraus entsteht, dass das Volkseinkommen ungleich verteilt ist und Arbeitslose und Arme relativ seltener einen Pkw besitzen. (Inwiefern die Fast-Unmöglichkeit, ohne Auto der Norm des US-Erwerbslebens zu entsprechen, die Chancengleichheit belastet, wäre ein interessanter Untersuchungsgegenstand.)

Afroamerikaner und Hispanics besitzen verhältnismäßig weniger Autos als Weiße, pendeln aber selbst bei Besitz eines privaten Pkw relativ häufig mit dem ÖPNV. Es steht zu vermuten, dass dies an einer zentrumsnäheren Wohnweise liegt; hier bestätigt sich das Klischee von den »white suburbs«.

Der Pkw-orientierte Lebensstil der weißen Vororte wäre ohne politischen Willen nie möglich geworden. Eine fast restriktionsfreie Raumplanung, starke Subventionen des Straßenbaus und natürlich die stetige Erschwinglichkeit des Autofahrens waren seine Voraussetzung. Es ist darauf hingewiesen worden, dass paradoxerweise gerade in diesen Vororten die in Amerika großflächig verbreitete rechtsliberale, Regierungseinflüssen grundsätzlich feindselig gesonnene Einstellung besonders fest verwurzelt ist. Dies mag in der psychologischen Wirkung des Angekommenseins im Eigenheim mit eigenem Wagen, unter sich mit Gleichgestellten, begründet liegen, das die Bürger eher zur Besitzstandswahrung tendieren lässt als anderswo. .

5.2.2. Kulturelle Assoziationen

Das Auto, der »stählerne Traum«[14] gilt als das Symbol der US-Kultur schlechthin. Es steht für individuelle Freiheit – dass es Autobahnen gibt, die »Freeways« heißen (ursprünglich in Abgrenzung zu den gebührenpflichtigen »Tollways« und »Turnpikes«), spricht Bände.

In seiner massenhaften Verbreitung steht es auch für den Wohlstand breiter Gesellschaftsschichten, den die Massenproduktion ermöglicht hat, deren Geburtsmythos sich wiederum an einem Automodell, Fords »Model T«, verankert. Die alte US-Automobilindustrie (»Detroit«) selber war jahrzehntelang das Symbol der Überlegenheit der US-Wirtschaftsordnung, und ihr durch das Aufkommen japanischer Importwagen eingeläuteter Niedergang gilt geradezu als nationale Katastrophe.

---

[14]Vgl. BORCH, HERBERT VON, Die unfertige Gesellschaft. München, 1960.

Der Stereotyp des Lebensstil der US-Mittelklasse ist in allen seinen typischen Szenen, wie sie Literatur und Film durchdringen, dem Pkw verhaftet.[15] Das Auto bringt den Vater zur Arbeit und wieder nach Hause; es lässt die »soccer mom« ihre Kinder von Termin zu Termin fahren; es ist zentraler Bestandteil der Emanzipation des Teenagers und des Dating-Rituals[16]; als Wohnmobil steht es gleichzeitig für einen erfüllten Lebensabend und als Symbol des Scheiterns im »trailer park«.

Es ist fast zwangsläufig, dass die US-Kultur das Genre des Roadmovies geschaffen hat - eine Art von Film, die ihre Wurzel nur in einem Land haben kann, wo das Autofahren im kollektiven Unterbewusstsein tiefe Spuren hinterlassen hat, und das zugleich eines der wenigen Länder ist, wo man ohne größere Vorbereitungen tagelang inlands mit dem Auto unterwegs sein kann.

Langstreckenreisen mit dem Pkw sind in den USA schließlich grundsätzlich mehrtägige Unternehmungen. Schon auf einer »Mittelstrecke« wie Chicago (IL) – New York (NY) beträgt die reine Fahrzeit mehr als zwölf Stunden. Der Pkw-Fernverkehr hat daher eine gewisse Kultur des Langsamfahrens entwickelt. Der populärste US-amerikanische Internet-Routenplaner verfügt z. B. über eine Option »prefer scenic roads« – wenn man ohnehin tagelang unterwegs ist, kann man wenigstens versuchen, dies auf möglichst landschaftlich schönen Strecken zu tun. (Dies bedeutet häufig, die alten US Routes statt der als notorisch langweilig geltenden Interstates zu befahren.)

Aus der Notwendigkeit zahlloser Autofahrer, irgendwo auf halbem Wege zu übernachten, hat sich das Motel entwickelt, das ein so erfolgreich global etablierter kultureller Stereotyp geworden ist, dass man dazu kaum noch Worte zu verlieren braucht. Das Motel ist *die* Chiffre für Fremde, Unterwegssein, Verlorensein; das »sleazy motel« ist zur archetypischen Stätte von Ehebruch und Mord geworden.

Der Symbolcharakter des Pkw hat sich auch auf die Einkaufsgewohnheiten ausgewirkt. Ein großer Teil der Amerikaner fährt große, konstruktiv simple, ökologisch und sicherheitstechnisch katastrophale Fahrzeuge, die sich als Sportfahrzeuge und/oder Nutzfahrzeuge verstehen (SUVs, Pickups). Oft angeführtes Kaufargument ist neben der besseren Straßensicht die Einschüchterungswirkung, die z.B. vor dem Nehmen der Vorfahrt durch »Schwächere« schützen soll.

---

[15] Diese Sichtweise des Autos hat sich schon zu einer Zeit etabliert, da die Massenmotorisierung in Europa noch nicht einmal am Horizont zu erkennen ist, vgl. LEWIS, SINCLAIR, Babbitt. New York: Harcourt, Brace and Company, [10]1994.

[16] »With a pink carnation and a pickup truck...«

5.2.3. Ökologische Folgen

Nicht zuletzt hierdurch werden die US-Pkw im Mittel immer größeren und schwerer. Unterstützt wird dies noch durch eine Steuergesetzgebung, die es erlaubt, große Fahrzeuge wie SUVs als Nutzfahrzeuge steuerermäßigt zu halten.[17] Nicht zuletzt der hiedurch ständig steigende Flottenverbrauch hat die Pkw-Emissionen in ungeheure Höhen getrieben. Diese Abgasbelastung hat unter anderem zur Folge, dass sich an der Westküste eine Art von Smog entwickelt hat, für die sich die Bezeichnung »Los-Angeles-Smog« durchgesetzt hat.

Um dem Abgasproblem irgendwie beizukommen, hat der Bundesstaat Kalifornien seit Jahrzehnten Zielvorgaben gesetzt, um die Flottenverbräuche zu senken und den Anteil emissionsfreier Fahrzeuge stark zu erhöhen. Die neueste Ausprägung davon ist die Kampagne der Regierung Schwarzenegger, Wasserstoff als alternativen Kraftstoff zu etablieren.

Ebenso schwer wie das Abgasproblem wiegt jenes der Zersiedlung bzw. des Flächenverbrauchs.

Zersiedlung und Pkw-Massenverkehr bedingen sich gegenseitig und haben sich mittlerweile zu einem Grad hochgeschaukelt, an dem es quasi unmöglich ist, gegenzusteuern. Die voll auf den Pkw ausgelegte Infrastruktur hat eine immense Eigendynamik entwickelt.

Am exzessivsten treten deren Wirkungen im Großraum Los Angeles auf; die dort beobachteten Phänomene stellen jedoch nur die Steigerung dessen dar, was in fast allen US-Städten beobachtet werden kann.

Los Angeles kannte trotz seiner Größe bis vor einiger Zeit (erste Metro-Linie: 1990) keinen nennenswerten ÖPNV. Auch heute noch ist der Pkw für die meisten Strecken in der Stadt das einzig gangbare Verkehrsmittel. Das Verkehrschaos auf ihren Straßen ist sprichwörtlich.

Dementsprechend fällt die Zersiedlung aus: Ausschließlich über die Straße erschlossene Wohngebiete mit Tausenden teils baugleicher Einfamilienhäuser sind die Regel.

Abgesehen davon, dass dieser »urban sprawl« ohnehin raumplanerisch extrem problematisch ist, neigt man in den USA auch zu sehr raumgreifenden Verkehrsbauwerken. Die Straßen sind oft extrem vielspurig; auch sind unregelmäßige Einzellösungen von Verzweigungsbauwerken (»Spaghetti-Knoten«) anders als in Europa sehr beliebt.

Auch hier ist der negative Spitzenreiter. Man geht davon aus, dass ein Drittel bis die Hälfte der Fläche der Stadt mittlerweile Straßenverkehrsfläche ist.

---

[17]Eine ähnliche Regelung, nach der große Geländewagen als Lkw angemeldet werden können, existiert übrigens auch in Deutschland, hat jedoch keine vergleichbare Breitenwirkung erlangt. Die gegenwärtige Bundesregierung plant die Abschaffung dieses Sonderfalls.

Die Küstenlage samt großem Seehafen lässt außerdem einen gewaltigen Hinterlandverkehr mitten durch das Ballungsgebiet ablaufen. Man versucht, wenigstens diesen durch Ausbau der quer durch die Stadt verlaufenden Eisenbahn-Güterabfuhrstrecken einzudämmen.

5.3. Emissionsfreie Alternativen

Die emissionsfreien Verkehrsmittel überhaupt, das Fahrrad und die eigenen zwei Beine, sind nur kurzstreckentauglich und können daher nur von regionaler Bedeutung sein. Es sind aus Europa Städte bekannt, wo v. a. das Fahrrad große Bedeutung als Verkehrsträger erlangt hat (Münster, Amsterdam); moderne Stadtplanung versucht zudem -mit wechselndem Erfolg-, die Fußläufigkeit ganz verschiedener Ensembles, z. B. von Einkaufsmöglichkeiten der Grundversorgung in Wohngebieten oder von Firmengebäuden an Forschungsstandorten (durch campusartige Anlage) sicherzustellen.

»Campus« ist hier das Stichwort. Der nichtmotorisierte Straßenberufsverkehr in Form von Zu-Fuß-Gehen hat seine Hochburgen logischerweise in Universitätsstädten (amerikanische Studenten leben gewöhnlich in Campuswohnheimen), »military towns« (für Soldaten und Stützpunktgelände gilt sinngemäß dasselbe)[18] sowie in New York, wo die hohe Dichte einen höheren Anteil kurzer innerstädtischer Wege bedingt[19]. Außerhalb der Ostküste wird ein Fußpendleranteil von 4% nur in den dichten Ballungsräumen von San Francisco, Los Angeles und Chicago überschritten.

Fahrradpendler in nennenswerter Zahl kennen nur Sacramento und San Francisco (beide CA) sowie Phoenix (AZ)[20], wohl, da es sich um Zentren 'junger', universitätsnaher Wirtschaftszweige handelt und dauerhaft fahrradfreundliches Wetter herrscht.

Pendelverkehr durch Informationsaustausch zu ersetzen ist das Ziel des »Telecommuting«, einer Arbeitsweise, in der Arbeitnehmer zu Hause arbeiten und Daten v. a. elektronisch mit dem Arbeitgeber austauschen. Vor allem Mitte der 1990er Jahre war das Telecommuting ein Modewort; sogar das Ende der gesamten bisherigen Struktur der Arbeitswelt wurde vorausgesagt. Dies darf jedoch nicht darüber hinwegtäuschen, dass es Heimarbeit schon immer gegeben hat und z. B. freie Journalisten schon Telecommuter waren, bevor das Wort überhaupt geprägt wurde. Der Anteil der zu Hause arbeitenden US-Amerikaner ist heute auch mit 3,3% niedriger ist als noch 1960 (7,5%), wobei allerdings seit 1980

[18]Vgl. Reschovsky, S. 11.
[19]Vgl. McGuckin, Nancy A./Nanda Srinivasan, Journey to Work Trends. United States Department of Transportation, Federal Highway Administration, 2003, Exhibit 4.7.
[20]Vgl. a. a. O., Exhibit 4.8.

(2,3%) ein Anstieg zu verzeichnen ist.

6. Ausblick

Die Verkehrslage in den USA ist alles in allem äußerst kritisch zu betrachten.
Die Struktur des Güterverkehrs ist zwar stabil und dank der etablierten Rolle der Eisenbahn ist das in Europa vordringliche Problem des explosionsartig zunehmenden Straßengüterverkehrs nicht in dieser Form gegeben. Die Hauptschwierigkeiten liegen dagegen beim Personenverkehr, und dort hauptsächlich im Nahbereich.

Die Dominanz der Luftfahrt im Fernverkehr ist verständlich und aus geografischen Gründen kaum zu brechen; die Nachteile werden allerdings deutlich, wenn der Luftverkehr zum Erliegen kommt, wie neuerdings nach den Anschlägen vom 11. 9. 2001. Die Folgen für das Klima sind unabsehbar. Dafür, dass die USA konstant etwa ein Viertel der weltweiten CO_2-Emissionen verursachen, ist zu einem Drittel der Verkehr verantwortlich. Neben dem Luftverkehr ist hier vor allem der steigende Flottenverbrauch des Kfz-Verkehrs das Problem.

Die sozialen Wirkungen der US-»Autokultur« lassen sich ebenfalls schwer beurteilen. In dieser Beziehung werden die USA gerne stereotyp abqualifiziert. Man unterstellt vielfach dem ganzen Volk der USA auf Grund seines massiven MIV-'Konsums' einen Hang zum »Ölimperialismus«; auf der positiven Seite sieht man in den vielfältigen Freiheitsmythen um das Auto einen sublimierten Drang zu individualistischer Selbstverwirklichung. Nüchtern betrachtet übt der Pkw-Verkehr vor allem einen gigantischen Druck auf die Raumplanung aus, der eine auch sozial sinnvolle Gestaltung des Städtewachstums fast völlig verhindert hat.

Jedoch dürfte das Pendel seinen weitesten Ausschlag erreicht haben. Die Zersiedlung kann vielerorts nicht mehr weiter getrieben werden; die Straßen lassen sich schlicht nicht mehr verbreitern. Es mag verkürzt sein, in den mittlerweile nicht mehr nur vereinzelt auftretenden Rückkehrbewegungen zur Eisenbahn, zur Straßenbahn, zum ÖPNV überhaupt Anzeichen einer Art 'Verkehrswende' in den USA zu sehen.

Klar ist, dass der Verkehrsstruktur nach dem Übergang zum Eisenbahnland und jenem zum Land des Autos und des Flugzeugs der nächste Wandel bevorsteht. Wann dieser Wandel augenfällig wird oder wurde, wird man wohl erst in einigen Jahrzehnten rückblickend beurteilen können. Dass auch er seine sozialen Konsequenzen nach sich ziehen wird, steht außer Frage.

14

A. Verwendete Abkürzungen

DoT Department of Transportation (US-Verkehrsministerium)

HGV Hochgeschwindigkeitsverkehr (Definition: Schienenverkehr mit fahrplan-mäßigen Spitzengeschwindigkeiten deutlich über 200 km/h)

MIV Motorisierter Individualverkehr

NE-Bahn (In Deutschland:) Nichtbundeseigene Eisenbahn

ÖPNV Öffentlicher Personennahverkehr

SUV Sports Utility Vehicle (für den privaten Gebrauch produziertes Auto im Formfaktor eines Nutzfahrzeugs, d. h. Geländewagens oder Pickups)

USCB United States Census Bureau

Literatur

Airports Council International - North America: 1903 - 2003 Centennial of Flight Airport Member Tool Kit. ⟨URL: http://www.aci-na.org/docs/timeline.pdf⟩ – Zugriff am 2004-05-09

Association of American Railroads: U.S. Freight Railroad Statistics. ⟨URL: www.aar.org/PubCommon/Documents/AboutTheIndustry/Statistics.pdf⟩ – Zugriff am 2004-05-30

Borch, Herbert von: Die unfertige Gesellschaft. München, 1960

Bureau of Transportation Statistics, Department of Transportation: National Transportation Statistics. ⟨URL: http://www.bts.gov/publications/national_transportation_statistics/2003/index.html⟩ – Zugriff am 2004-05-30

Energy Information Authority: Electricity Quick Stats. ⟨URL: http://www.eia.doe.gov/neic/quickfacts/quickelectric.htm⟩ – Zugriff am 2004-05-30

Houk, Randy: Railroad Timeline History. ⟨URL: http://www.sdrm.org/history/timeline/⟩ – Zugriff am 2004-05-09

Keesler, M. Paul: New York's First Canal. ⟨URL: http://www.paulkeeslerbooks.com/FirstCanal.html⟩ – Zugriff am 2004-05-09

Lewis, Sinclair: Babbitt. New York: Harcourt, Brace and Company, [10]1994

Loree, Leonor Fresnel: Railroad Freight Transportation. New York: Appleton, 1922

McGuckin, Nancy A./Nanda Srinivasan: Journey to Work Trends. United States Department of Transportation, Federal Highway Administration, 2003

Polatschek, Klemens: Es fährt ein Zug nach Irgendwo. Frankfurter Allgemeine Sonntagszeitung 2004, Nr. 13, S. 70–71

Reschovsky, Clara: Journey to Work: 2000. United States Census Bureau, 2004, Census 2000 Brief

Statistisches Bundesamt Deutschland: Auslandsverzeichnis. ⟨URL: http://www.destatis.de/cgi-bin/ausland_suche.pl⟩ – Zugriff am 2004-05-09

The American Waterway Operators: Facts About the American Tugboat, Towboat and Barge Industry. ⟨URL: http://www.americanwaterways.com/aboutawo.pdf⟩ – Zugriff am 2004-05-24

The Wikipedia Community: General Motors Streetcar Conspiracy. ⟨URL: http://en.wikipedia.org/wiki/General_Motors_Streetcar_Conspiracy⟩ – Zugriff am 2004-05-09

The Wikipedia Community: Geschichte der Eisenbahn. ⟨URL: http://de.wikipedia.org/wiki/Geschichte_der_Eisenbahn⟩ – Zugriff am 2004-05-30

Zierke, Hans-Joachim: Passenger Rail for the Shasta Route. ⟨URL: http://homepages.teuto.de/zierke/shasta_route/⟩ – Zugriff am 2004-05-30

Philipps-Universität Marburg, FB 03 (Institut für Soziologie); WS 2003/2004
PS: Innenansichten der USA (Oliver Demny)

Handreichung zum Referat:
Verkehr in den USA

Matthias Warkus, 11. Februar 2004

"... Are you going to— I want to use the car to-night."
Babbitt snorted, "Oh, you do! May want it myself!" Verona protes-
ted, "Oh, you do, Mr. Smarty! I'm going to take it myself!" Tinka
wailed, "Oh, papa, you said maybe you'd drive us down to Rosedale!"
and Mrs. Babbitt, "Careful, Tinka, your sleeve is in the butter."
(Sinclair Lewis, »Babbitt«, 19)

1 Geografische Gegebenheiten

- Große Entfernungen: LA - NYC ca. 4500 Straßen-km, Green Bay, WI - Houston, TX über 2000 Straßen-km

- Relativ dünne Besiedlung (Bevölkerungsdichte 31 Ew./km^2, 13,4% von Dtl.), konzentriert auf große Ballungsräume, grob gesagt zwei Verdichtungszonen: Ostküste/Große Seen und Westküste

2 Geschichte

1730 erster öffentlicher Verkehrsweg (Binnenschifffahrtskanal)

1869 erste transkontinentale Eisenbahnlinie

1914 (ca.) kommerzielle Luftfahrt beginnt in Florida

1915 Durchstich des Panamakanals

1956ff. Interstate Highway System

1978 Deregulierung der zivilen Luftfahrt

3 Bedeutung der Verkehrsträger heute[1]

3.1 Schifffahrt

- der Marktanteil der Schiffahrt am Gütertransport beträgt ca. 16%

---

[1]Basisjahr ist 2000, sofern nicht anders genannt; anzumerken ist, dass der Census nur Daten zum Pendlerverkehr erfasst; Daten zum Freizeitverkehr stammen aus Sondererhebungen

- »Echte« Binnenschifffahrt findet traditionell hauptsächlich auf den Großen Seen, auf dem Ohio und im Mississippi-Missouri-System statt; Transportvolumen 0,8 Mrd. t/a auf 40 000 km Wasserwegen (vor allem Massengüter wie Getreide und Kohle); Problem veraltender Infrastruktur (z. B. Schleusen)

- Ansonsten bedeutend ist der Intercoastal-Verkehr, d. h. Seeschifffahrt zwischen Ost- und Westküste durch den Panamakanal oder den Gulf Intracoastal Waterway (45% der Küstenschiffahrt)

3.2 Schienenverkehr

- Früher größtes Eisenbahnland der Welt: Größte Netzausdehnung 1916 mit ca. 400 000 km, heute noch 160 000 km (zum Vergleich: im 26mal kleineren Dtl. betreibt alleine die DB Netz AG über 35 000 km)

- Verglichen mit Europa: schlechter Zustand der Infrastruktur (in privater Hand); kaum elektrifizierte Strecken; Trassen ausgelegt für langsame, lange, schwere Züge

- Hauptverkehr: langsamer Güterverkehr ohne festen Fahrplan; v. a. Massengut (Kohle) und Container; Eisenbahn spielt die Rolle der innereuropäischen Seeschifffahrt, transportiert keine zeitkritischen Frachten (Volumen ca. 1,8 Mrd. t/a, Marktanteil ca. 38%)

- Personenverkehr beschränkt sich auf Nahverkehr und Korridorverkehr in Ballungsräumen; ÖPNV ist sehr unterschiedlich ausgebaut und eigentlich nur im Raum NYC/NNJ wirklich ernst zu nehmen (fast 25% aller ÖPNV-Fahrten des Landes geschehen dort); für die sechs größten Ballungsräume sind die Pendelzeiten im ÖPNV erheblich höher als im MIV[2]

- Die unterfinanzierte Staatsfirma Amtrak betreibt einen durch die schlechten Rahmenbedingungen ziemlich kränkelnden Fernverkehr auf ca. 35 400 km Netz (Marktanteil der Bahn am PV ca. 0,6%; zum Vergleich: Busse ca. 1,1%)

- In neuester Zeit zahlreiche Planungen für Hochgeschwindigkeitsverkehr in Siedlungskorridoren (z. B. in Kalifornien und Florida)

3.3 Luftfahrt

- Geburtsland des kommerziellen Luftverkehrs

- das Flugzeug ist alternativlos, weil das einzige existierende Verkehrsmittel, das jede beliebige Strecke im Binnenland in weniger als einem Tag zurücklegen kann

---

[2]motorisierter Individualverkehr

- 5 100 öffentliche Flughäfen transportieren fast 0,5 Mrd. Passagiere im Jahr (Marktanteil am Personenverkehr 17%)

- seit der Deregulierung des Luftverkehrs äußerst heftige Konkurrenz mit Untergang von Traditionsunternehmen (z.b. Pan Am)

- Flugsicherheit gilt als problematisch, nicht erst seit dem 11. 9. 2001; z. B. überlastete Fluglotsen

3.4 Straßenverkehr

- Ca. 6 Pkw/10 Ew.; dabei ca. 1,7 Pkw/Hh. (1960: 1); 17,1% der Hh. besitzen ≥ 3 Pkw; nur 10,3% der Hh. besitzen keinen, davon 20% im Raum NYC

- Betriebskosten eines Pkw ab ca. 0,20 €/km (in Dtl.: ab ca. 0,30 €/km)

- 87,9% legen den Weg zur Arbeit mit dem Pkw zurück, 4,7% mit dem ÖPNV (1960: 64,0% / 12,1%); nicht einmal jeder fünfte tut dies in einer Fahrgemeinschaft (Schnitt 1,08/Pkw); 65% der Fahrten mit dem ÖPNV sind nicht arbeitsbezogen

- 40% der Ballungsraum-Ew. verbringen mindestens einmal pro Tag mehr als 30 Minuten auf dem Weg zur/von der Arbeit

- Das Fahrrad ist fast bedeutungslos und hat nur in SF und Sacramento (beide CA) einen Pendelverkehrsanteil über 1% (0,9% in Phoenix, AZ)

- Fußpendleranteile über 4% finden sich außer in SF, LA und Chicago nur an der Ostküste

- Straßengüterverkehr ist im Vergleich zu Europa relativ unbedeutend (Marktanteil ca. 26%)[3]

- Langstreckenreisen mit dem Pkw erfordern häufig Übernachtungen (reine Fahrzeit auf einer »Mittelstrecke« wie Chicago - NYC ist bereits > 12 h)

4 Verkehrssoziologie

- Der Verfall der Eisenbahn und das damit verbundene Sterben ganzer Städte und Regionen war ein Hauptelement des sozialen Wandels ca. 1940-1980, vor allem in den dünner besiedelten Gebieten

---

[3]Bei den Daten zum Güterverkehr ist zu berücksichtigen, dass 20% Marktanteil für Rohrleitungsverkehr wie z. B. Ölpipelines eingerechnet sind.

- MIV als Symbol von Freiheit (»Freeways« vs. »Tollways«), integraler Teil von Kultur und -Geistesgeschichte (Motel- und Tankstellenkultur wird weltweit beschworen)

- Rückgrat des stereotypen Lebensstils der amerikanischen Mittelklasse: Der Pkw – er gewährleistet das soziale Leben des Teenagers, bringt den Vater zur Arbeit, lässt die »Soccer Mom« ihre Kinder von Termin zu Termin kutschieren, und bringt (als Wohnmobil) das Rentnerehepaar zum Lebensabend in den Süden

- Infrastrukturen, z.B. Lage von Einkaufsgelegenheiten, sind auf lange Pendelzeiten ausgelegt

- Paradoxerweise bringt der Pkw-/Vorstadt-Lebensstil staatskritische, rechtsliberal eingestellte Bevölkerungsgruppen hervor, obwohl er ohne massive staatliche Hilfe durch Verkehrs- und Raumplanung unmöglich wäre

- Afroamerikaner und Hispanics tendieren selbst bei Besitz privater Autos dazu, mit dem ÖPNV zu pendeln, was an der oft zentrumsnäheren Wohnweise liegen mag, aber auch daran, dass ein wesentlich größerer Anteil von ihnen ohne Auto lebt

- Der Eindruck der Anschläge von 2001 mag auch deshalb besonders traumatisch gewesen sein, da das Flugzeug in keinem Flächenstaat der Erde ein so verbreitetes und unentbehrliches Verkehrsmittel ist

5 Verkehrsökologie

- Immense Abgasbelastung: Nach Los Angeles ist ein Smogtyp benannt worden; die drakonischen kalifornischen Abgasnormen sind fast sprichwörtlich

- Gigantischer Flächenverbrauch; man schätzt, dass ein Drittel bis die Hälfte von L.A. von Straßenverkehrsflächen und -bauwerken bedeckt ist

- Bekannte Klimaschutzproblematik: die USA als anteilsmäßig stärkster CO^2-Emittent der Welt (25%); fast ein Drittel davon aus dem Verkehr

4